# Gesichter zum Fertigzeichnen

*Viele Figuren ohne Gesichter zum Fertigzeichnen oder malen für Kinder und Erwachsene*

Kurt Heppke

Bibliografische Information der Deutschen Nationalbibliothek:
Die Deutsche Nationalbibliothek verzeichnet diese Publikation in
der Deutschen Nationalbibliografie; detaillierte bibliografische
Daten sind im Internet über http://dnb.dnb.de abrufbar.

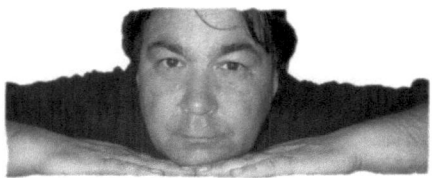

Herstellung und Verlag: BoD – Books on Demand, Norderstedt

ISBN:9783756208135

Dieses Buch gehört

# Mehr von mir können Sie hier finden:
## https://www.kurtheppke.com/

# Mehr von mir können Sie hier finden:
## https://www.kurtheppke.com/

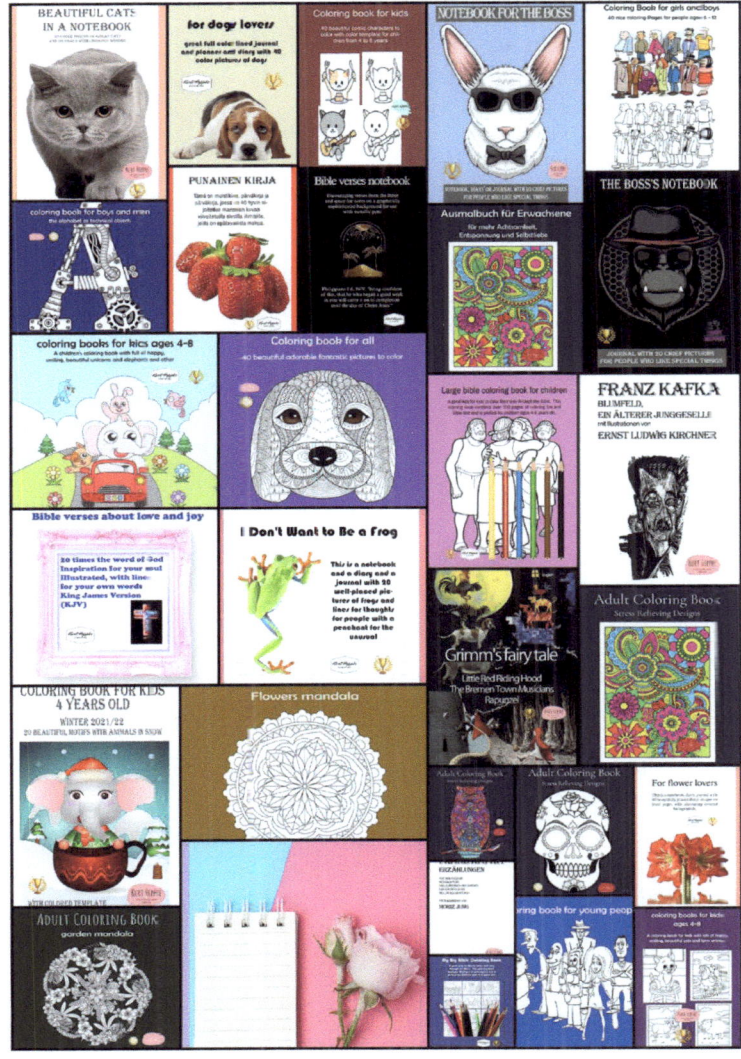